AF461937

DESCRIPTION
DE TOUTES
LES CEREMONIES
QUI SE SONT OBSERVE'ES

A ROME,

Depuis la Mort du Pape Clement XII. jusqu'au Couronnement de Notre Saint Pere le Pape Benoît XIV son Successeur au Saint Siege.

Suivi de la Liste de tous les Cardinaux qui composent presentement le Sacré College.

Le tout recueilli très-exactement & arrangé par le Sieur A[illegible] DE LA CHAPELLE.

A PARIS,

Chez MICHEL GANDOUIN Libraire, Quai de Conti, aux Trois Vertus.

M. DCC. XLI.

Avec Approbation & Privilege du Roy.

TABLE
DES CHAPITRES.

Fin de la Table des Chapitres.

APPROBATION.

J'AY lû par l'Ordre de Monſeigneur le Chancellier, le Manuſcrit qui a pour Titre, *Deſcription de toutes les Cérémonies*, *&c.* En Sorbonne, ce 10. Novembre 1740.

LE SEIGNEUR.

PRIVILEGE DU ROY.

LOUIS par la grace de Dieu, Roi de France & de Navarre : A nos Amez & feaux Conſeillers, les Gens tenant nos Cours de Parlement, Maître des Requêtes ordinaires de notre Hôtel, Grand Conſeil, Prevôt de Paris, Baillifs, Senechaux, leurs Lieutenans Civils & autres nos Juſticiers, qu'il appartiendra, SALUT. Notre bien Amé le Sieur AMAND DE LA CHAPELLE, Nous ayant fait ſuplier de lui accorder nos Lettres de Permiſſion, pour l'impreſſion d'un Manuſcrit qui a pour Titre, *Deſcription des Cérémonies obſervées à Rome depuis la mort de Clement XII, juſqu'au Couron-*

nement de Benoît XIV. Par le Sieur DE LA CHAPELLE; offrant pour cet effet, de le faire imprimer en bon papier & beaux caracteres, suivant la feuille imprimée & attachée pour modele sous le contrescel des Presentes; Nous lui avons permis & permettons par ces Presentes, de faire imprimer ledit Ouvrage cy-dessus specifié conjointement ou separement, & autant de fois que bon lui semblera, & de le faire vendre & débiter par tout notre Royaume pendant le tems de trois annés consecutives, à compter du jour de la datte desdites Presentes; faisons deffenses à tous Libraires Imprimeurs & autres personnes de quelle qualité & condition quelles soient d'en introduire d'impression étrangere dans aucun lieu de notre obéissance: A la charge que ces Presentes seront enregistrées tout au long sur le Registre de la Communauté des Libraires & Imprimeurs de Paris, dans trois mois de la datte d'icelles: Que l'impression de cet Ouvrage sera faite dans notre Royaume & non ailleurs & que l'impetrant se conformera en tout aux Reglemens de la Librairie & notamment à celui du dixiéme Avril mil ſept cens vingt-cinq ; & qu'avant que de l'expoſer en vente, le Manuſcrit ou imprimé qui aura ſervi de copie à l'impreſſion dudit Ouvrage ſera remis dans le même état où l'Approbation y aura été donnée, ès mains de notre très-cher & féal Chevalier le ſieur Dagueſſeau Chancellier de France, Commandeur de nos ordres ; & qu'il en ſera enſuite remis deux exemplaires dans notre Bibliotheque publique, un dans celle de notre Château du Louvre, & un dans celle de notre très-cher & feal Chevalier le ſieur Dagueſſeau Commandeur de nos ordres ; le tout à peine de nullité des Preſentes : Du contenu deſquelles, vous mandons & enjoignons de faire joüir ledit Sieur Expoſant ou ſes ayans cauſe pleinement & paiſiblement, ſans ſouffrir qu'il leur ſoit fait aucun trouble ou empêchement ; Voulons que la Copie deſdites Preſentes qui ſera imprimée tout au long au commencement ou à la fin dudit Ouvrage, foi ſoit ajoûtée comme à l'original. Commandons au premier notre Huiſſier ou Sergent de faire pour l'éxecution d'icelles tous actes requis & neceſſaires ſans demander autre Permission & nonobstant clameur de haro charte normande & Lettres à ce contraire; Car tel est notre plaisir. DONNÉ, à Versailles le treziéme jour de Janvier, l'an de grace mil sept cens quarante-un. Par le Roi en son Conseil.

SAINSON.

Registré sur le Registre X. de la Chambre Royale des Libraires & Imprimeurs de Paris, No. 338. fol. 406. Conformement aux anciens Reglemens confirmés par celui du 28 Fevrier 1723. A Paris, ce 16. Janvier 1741.

SAUGRAIN, *Syndic.*

Paraphe de l'auteur

DESCRIPTION DE TOUTES LES CEREMONIES QUI SE SONT OBSERVE'ES A ROME,

Depuis la Mort du Pape Clement XII. jusqu'au Couronnement de Notre Saint Pere le Pape Benoît XIV.

CHAPITRE I.

Mort du Pape Clement XII. & ses Obseques.

LE Pape Clement XII. étant decedé le 6. Fevrier 1740. sur les neuf heures du matin, au Palais de Montecavallo; les Officiers de la Chambre Apostolique vinrent au Palais se saisir de sa dépoüille.

Le Cardinal Patron ou Ministre quitta alors le Palais Papal, pour se retirer dans une Maison particuliere, & l'après-midi le Cardinal Alberony Camerlingue, accompagné des Clercs de la Chambre Apostolique, se rendit au Palais de Montecavallo, pour y occuper l'appartement du Pape.

Ce fut alors qu'il visita le Corps du feu Pape qui lui fut representé, & après l'avoir reconnu avec les formalités accoutumées; il se fit ensuite consigner l'Anneau du Pêcheur par le Maître de la Chambre Apostolique, pour être ensuite rompu en présence de l'Auditeur de la Chambre, du Tresorier, & des Clercs de la Chambre.

Cet Anneau du Pêcheur qui est d'or massif, de la valeur de cent écus Romains, ayant été mis en piéces, les morceaux furent diſtribués aux Maîtres des Cérémonies, & les Clercs de la Chambre ſe partagerent entr'eux le Gouvernement du Palais.

Le Cardinal Camerlingne ordonna que la cloche du Capitole fut ſonnée, pour ſervir de ſignal à toutes les cloches de la Ville qui ſonnerent pareillement pendant une heure entiere.

Le lendemain ſept dudit mois, les Penitenciers de Saint Pierre, avec les Chapelains du deffunt Pape, prirent le ſoin de faire ouvrir & embaumer ſon corps, & de le revêtir d'Habits Pontificaux, la Mître en tête, & un Calice à la main.

Le même jour les Cardinaux Otthoboni, Alberoni, & Altieri, comme Chefs d'Ordre, tinrent leur premiere Congrégation, & le huit leur ſeconde au Palais

Altieri, pour regler tout ce qui pouvoit concerner la ſûreté & la tranquilité publique pendant la vacance du Saint Siége.

Le même jour à deux heures de nuit, le Corps du feu Pape fut porté à la Chapelle de Saint Sixte du Vatican, dans une litiere de velours rouge toute ouverte, aux deux côtés de laquelle marcherent les Penitenciers de Saint Pierre, precedée de la Garde Suiſſe, & d'un détachement de la Compagnie des Chevaux-Legers; ſept Canons renverſés ſuivirent le Corps & les Cuiraſſiers fermerent la marche; or toutes les Egliſes devant leſquelles paſſa le Convoy, firent auſſi ſonner toutes les cloches.

Le neuf dudit mois, la Congrégation Générale du Sacré College, après avoir tenu Chapelle ordinaire, s'aſſembla au Vatican, & après avoir fait la lecture des

Bulles qui regardent le Conclave. Il y fut élû, sçavoir, l'Abbé de Sainte Croix de Jerusalem pour Confesseur, & les Sieurs le Proti & Lanciani pour Medecins ; le Gouverneur de la Ville y fut confirmé d'une voix unanime dans son emploi, & les Cardinaux Alexandre Albani, Bichi & Sacripanti, furent nommés pour veiller à la construction du Conclave ; ensuite tous les Cardinaux se rendirent en la Chapelle Saint Sixte, où étoit exposé le Corps du feu Pape revêtu de ses Habits Pontificaux, & l'accompagnerent à l'Eglise de Saint Pierre dans le même ordre que cy-dessus, où il fut porté par les Chanoines.

Le Chapitre de cette Basilique vint recevoir le Corps du Pape jusques sous le Portique, en chantant les prieres ordinaires pour les morts ; il fut placé dans la Nef; ensuite dans la Chapelle du

Saint Sacrement, où il fut exposé pendant trois jours, les pieds passés au travers de la grille qui fait la clôture de la Chapelle, à la dévotion du Peuple, qui eut permission pendant trois jours de venir lui baiser les pieds, pendant lequel tems on distribua une quantité de cierges au Peuple.

Les trois jours expirés, on fit en presence du Sacré College la Cérémonie d'enfermer le corps du Pape avec plusieurs médailles d'or & d'argent dans un triple cercüeil, dont le premier étoit de cyprès & par-dessus une caisse de plomb; ensuite dans une autre caisse de sapin, & on le transporta à la nouvelle Chapelle de Saint Jean de Latran à un Mosolé nouvellement bâti, destiné pour la Sépulture de sa famille.

Aussi-tôt que le Sénat Romain eût avis de la Mort du Pape qui avoit été annoncée par le son de la cloche du Capitole, il s'y aſſembla, & de ſon côté fit annoncer la Mort du Pape au Peuple, par les Tambours qu'il fit battre d'un ſon lugubre en divers quartiers.

Pour montrer ſon autorité, ſelon la coutume, il fait ouvrir les priſons & donner la liberté aux Priſonniers pour le Civil & pour le Criminel; mais on prévient cet élargiſſement en envoyant de bonne heure les Priſonniers les plus conſidérables au Château Saint Ange.

Les Capitaines des quartiers ou Caporaux, prennent un homme de chaque maiſon pour faire la garde du quartier, & obligent les Chefs de famille de tenir une lampe allumée durant la nuit ſur leur fenêtre : mais il y a bien des gens qui en ſont exempts; les Ambaſſadeurs & les Princes Romains arment auſſi pour la garde de leur

Palais. Enfin tout le monde eſt ſur la deffenſive, y ayant ſujet de tout craindre d'une populace qui ſe trouve ſans Chef; quoique la Juſtice qui s'adminiſtre au nom du Sacré College ſoit des plus reguliere.

Pendant ce tems-là les Cardinaux continuerent de s'aſſembler tous les matins dans la Sacriſtie de Saint Pierre, pour donner les ordres neceſſaires pour le Conclave & élire par billets les Officiers qui y devoient entrer pour les ſervir.

Les Ambaſſadeurs & les Princes vinrent auſſi leur offrir leurs ſervices, & la Nobleſſe Romaine députa un des plus conſidérables d'entre elle, pour leur venir faire le même compliment.

Pour revenir aux Obſéques du feu Pape, il fût dreſſé un ſuperbe Mauſolé dans la Nef de Saint Pierre avec une Chapelle ardente, où tous les matins pendant huit jours il fut chanté une Meſſe de *Requiem*, en preſence du Sacré College pour le repos de l'ame du deffunt Pape : Mais le neuviéme & dernier jour, la fonction fut des plus ſolemnelle, le Prélat Picolomini y prononça ſon Oraiſon funebre, le Cardinal Otthoboni y officia Pontificalement, aſſiſté par quatre autres Cardinaux en Mîtres, & à la fin tous cinq vinrent faire ſur la repreſentation, les encenſemens & les aſperſions ordinaires.

CHAPITRE II.

Ceremonie de l'Ouverture du Conclave.

LEs neuf jours des Obſéques du feu Pape étant expirés, le lendemain au matin les Cardinaux s'aſſemblerent à Saint Pierre, où le Cardinal Otthoboni célébra une Messe du Saint-Esprit en présence du Sacré College dans la Chapelle des Chanoines, après laquelle il fut prononcé un discours latin, dans lequel il fut prouvé la necessité d'élire un bon Pape; ensuite le principal Maître des Cérémonies prit la Croix Papale suivi des Musiciens qui chanterent le *Veni Creator*, après lesquels les Cardinaux deux à deux, les plus anciens les premiers & les autres chacun en son rang, furent en procession au Conclave qui leur étoit preparé au Vatican.

Ils s'arrêterent à la Chapelle de Sixte, où le Cardinal Doyen recita quelques Oraisons; puis les Cardinaux s'en furent prendre possession chacun de la cellule qui leur étoit destinée, ensuite les Maîtres des Cérémonies firent sortir tout le monde, & fermerent le Conclave, où il ne resta (outre les Cardinaux qui avoient chacun leur Conclaviſte ou Secretaire, & un Valet de Chambre) que les quatre Maîtres des Cérémonies, le Secretaire du Sacré College & autres gens pour les ſervir, comme M. le Sagriſta & ſon Sous-Sacriſtain, quelques Confeſſeurs, deux Medecins, un Chirurgien, un Apotiquaire avec deux garçons, deux Barbiers & deux aydes, un Maître Maçon, un Maître Charpentier & ſeize valets pour faire le plus rude ſervice, comme de ballayer, nettoyer, porter les fardeaux, &c.

Les Maîtres des Cérémonies après avoir diſpoſé ce qui étoit néceſſaire pour le ſervice des Cardinaux du Conclave, retournerent à la Chapelle de Sixte pour faire (en preſence du Sacré College qui s'y étoit aſſemblé) la lecture de toutes les Bulles concernant l'election du Pape & la maniere de vivre au Conclave, & les Cardinaux jurerent de les ob server aussi-bien que le Préla Gouverneur du Conclave qui y étoit present; ainsi que le Maréchal de la sainte Eglise qui leva aussi-tôt un Regiment de soldats pour la sûreté du Conclave.

Après avoir fait un petit détail des Cérémonies qui s'observent avant l'Ouverture du Conclave, il est bon de faire voir d'où procede son Origine, qui vient de Gregoire X. qui ordonna qu'il se tiendroit à l'avenir un Conclave, pour obliger les Cardinaux d'élire promptement le Pape, y ayant eû deux ans de vacance du Saint Siege depuis la mort de Clement IV. son Prédecesseur mort en 1268, jusqu'à sa création qui se fit d'une maniere fort particuliere; car les Cardinaux ne pouvant s'accorder sur le choix d'un Pape, s'en rapporterent d'un commun accord à celui qui seroit nommé par saint Bonnaventure alors General de l'Ordre de saint François, lequel nomma le même Gregoire X. auparavant appellé Thedale de la famille des Viscomti, à cause de ses excellentes qualités. Ce Pape ayant fait assembler peu de tems après, le Concile de Lyon, y dressa les Loix que les Cardinaux ont observé depuis ce tems au Conclave.

CHAPITRE III.

Disposition du Conclave.

TOUT le Vatican est disposé, de sorte que dans chaque chambre & le long des galleries du premier appartement, il y a plusieurs cellules faites avec des ais de sapin pratiquées de côté & d'autre d'égale grandeur, elles ont cinq pieds de longueur sur quatre de largeur, on en donne deux à chaque Cardinal, une pour ſon Eminence, & l'autre pour ſon Conclaviſte & ſon Valet de Chambre.

Elles ſont peintes en verd dans les dehors, excepté celles des Cardinaux créés par le Pape dernier décédé qui ſont violettes, & en dedans tapiſſées d'étoffe de ſerge de ſoye de même couleur.

Les Cardinaux après la lecture des Bulles s'en vont chacun dans leur cellule ſe repoſer & y dîner en particulier ; mais la plûpart s'en retournent chez eux, cela leur étant permis, pourvû qu'ils reviennent le même ſoir avant trois heures de nuit.

Alors le premier Maître des Cérémonies ſonne la clochette, pour faire retirer les Ambaſſadeurs, Princes, Prélats & autres perſonnes de diſtinction qui pourroient être reſtés au Conclave.

Tout le monde étant ſorti, on acheve de murer le Conclave, enſorte qu'on ne puiſſe y avoir communication au-dehors que par un Tour, comme dans un couvent de Religieuſes, & le même ſoir le Cardinal Doyen & le Cardinal Miniſtre en font la viſite, pour voir ſi tout eſt dans l'ordre.

En dehors les Suiſſes qui ont la garde de la porte du Vatican, y tiennent jour & nuit ordinairement un bon Corps-de-garde, bouchant avec des planches toutes les ouvertures de leur gallerie qui repond ſur la place de Saint Pierre.

Dans cette même place il y a toujours un autre Corps-de-garde de quatre ou cinq Compagnies de ſoldats, entretenus ſous les ordres du General de la Sainte Egliſe, qui eſt ordinairement continué par le Sacré College, qui lui permet pendant la vacance du Saint

Siége, d'habiter au Vatican au premier appartemenr à droit.

Proche le Corps de-Garde des Suisses, à côté de l'appartement du Prelat qui est Gouverneur du Conclave & dans la même place de saint Pierre, il y a un autre Corps-de-Garde levé par le Maréchal de la sainte Eglise pour la sûreté du Conclave, au tour du quel il fait poser des Sentinelles & particulierement à la principale Porte, où il y a sept Tours par où on passe le boire & le manger des Cardinaux.

Tant que dure le Conclave, les Cardinaux sont nourris aux dépens de la Chambre Apostolique, aussi-bien que tous les autres qui y sont enfermés; mais comme la plûpart des Cardinaux aiment mieux être traités à leur maniere par leurs Officiers, on donne leur subsistance en argent pour eux, leur Conclaviste & Valet de Chambre

Chambre, avec un apartement à chacun ſous les galleries du Vatican qui vont de ſaint Pierre à Belvedere, pour y établir leurs Offices, Cuiſines, & Bouteilleries.

Tous les jours ſur le midi & vers le ſoir, les Officiers de chaque Cardinal viennent à ſaint Pierre dans les carroſſes de leurs Eminences; enſuite ils vont demander au Maître d'Hôtel du Sacré College le dîner de leur Maître, ou ils le vont prendre s'il a ſa Cuiſine à part, enſuite ils le portent au Tour du Conclave en cet ordre.

Premierement marchent deux Eſtaffiers du Cardinal, portant chacun une maſſe de bois de couleur violette avec les armes du Cardinal, s'il eſt de la création du dernier Pape; car les autres ſont de couleur verte; enſuite vient un Valet de Chambre du Cardinal, portant la Masse d'argent, puis les Gentils-hommes deux à deux, tête nuë, après eux paroît le Scalco, ou Maître d'Hôtel la serviette sur l'épaule, accompagné du Copierre ou Trinciante, les Estaffiers marchant après portent le boire & le manger du Cardinal, deux portent sur leurs épaules un Levier, au milieu duque l est attaché une grande chaudiere dans laquelle il y a divers pots, plats & assiettes où est le dîner ou le souper du Cardinal; d'autres Estaffiers portent de grands panniers, où il y a des bouteilles de vin, du pain, du fruit, & autres choses.

En arrivant au Tour, ils nomment leur Cardinal à haute voix, afin que son Valet de Chambre qui attend dans l'intérieur du Conclave s'avance, & fasse prendre le tout par deux Porte-faix qui le porte à la cellule du Cardinal;

mais auparavant la viande eſt exactement viſitée par le Prelat qui eſt de garde au dehors, & par un des conſervateurs du Peuple Romain, pour empêcher que l'on ne paſſe quelque lettre ou billet, pouvant même ouvrir les Pâtés, chapons ou autres viandes de peur de ſupercheries, & les bouteilles & flacons doivent être de verre ou de criſtal, ſans aucune couverture, pour voir ce qu'il y a dedans, mais cela n'eſt pas obſervé à la rigueur.

Quand tous les Cardinaux ont eû leur pitance, un Curſeur du Pape qui eſt preſent en robbe violette avec ſa Maſſe d'argent ferme la porte ou fenêtre des Tours. Le Prélat aſſiſtant voit ſi tout eſt bien fermé & y applique le ſcellé avec ſes armes, & le Maître des Cérémonies en fait la même choſe en dedans.

Les Prélats qui aſſiſtent aux

Tours sont députés du Sacré College; il y a plusieurs Tours, l'un est gardé par les Evêques, un autre par les Auditeurs de Rote, un autre par les Clercs de Chambre, un autre par les Conservateurs du Peuple Romain, & c'est le Gouverneur du Conclave qui les met en sentinelles.

Les Ambassadeurs, le Gouverneur de Rome, & celui du Bourg saint Pierre, qui l'est aussi du Conclave. Les Sénateurs restant sans aucune Jurisdiction, & les Conservateurs Romains qui prennent alors toute son autorité vont à l'audiance du Sacré College au Tour, en la maniere qu'ils avoient coutume d'aller au Pape, & tous les Cardinaux s'y peuvent trouver, s'ils le jugent à propos; mais ce sont les trois Chefs d'Ordre qui portent la parole, & qui repondent pour tous: chacun à son jour.

Tous les matins tant que le Conclave dure, tout le Clergé Regulier & Seculier s'aſſemble à l'Egliſe de ſaint Laurent in Damaſo, & de là ils vont tous enſemble en Proceſſion à l'Egliſe de ſaint Pierre, chacun ſelon ſon rang, pour demander à Dieu l'Election du Pape; mais comme dans le cours de ce Conclave tenu en 1740. Les Communautés Religieuſes ſe ſont plaintes de la fatigue que leur cauſoit l'obligation de ſe rendre tous les jours en Proceſſion à l'Egliſe de ſaint Pierre, il fut décidé par délibération du Sacré College, que les Proceſſions, juſqu'à l'Election du Pape, ne ſeroient plus composées que de quatre Communautés, & que chaque Communauté y aſſiſteroit à ſon tour, ce qui a été regulierement obſervé juſqu'au 17. Août ſuivant que le Conclave a heureuſement terminé par l'Election d'un Pape, comme on le verra par la suite.

CHAPITRE IV.

Ce qui se passe dans l'intérieur du Conclave.

IL faut voir maintenant ce qui se passe dans l'intérieur du Conclave : mais auparavant il est bon de rapporter, que si quelqu'un des Cardinaux demandoit à sortir, soit pour maladie ou autrement, cela lui est permis ; autrefois il n'y devoit plus rentrer tant que duroit le Conclave, & ainsi il étoit privé de voix active, mais cela ne se pratique plus, même ceux qui n'y sont pas encore entrés, ont toujours le droit d'y entrer quand il leur plaît ; néanmoins pendant si leur absence, on élisoit le Pape, ils seroient obligés de le reconnoître comme les autres, mais les Cardinaux attendent ordinairement que leurs Confreres ſoient arrivés, pour proceder tous enſemble à l'Election du Pape : c'eſt pourquoi ſitôt qu'il eſt mort, le Sacré College dépêche des Couriers extraordinaires à tous les Cardinaux abſens de Rome, pour leur en faire part, & pour les inviter à ſe rendre à Rome au-plûtôt.

Quand on veut parler à un Cardinal, ou autre perſonne enfermée au Conclave, cela ſe peut faire aux heures permiſes, pourvû que ce ſoit en preſence des Gardes du Conclave, & à haute voix en Italien ou en Latin, afin que tout le monde l'entende ; car il eſt défendu de parler en aucune autre langue; ainſi les Cardinaux, & tous ceux du Conclave, par ce moyen peuvent avoir tous les jours des nouvelles de leurs Parens, & Amis.

Les Conclavistes ont plusieurs Privileges qu'ils font jurer aux Cardinaux de leur maintenir en entrant au Conclave ; la Chambre Apostolique leur donne dix mille écus à partager entr'eux ; ils peuvent tous aspirer aux Bénéfices qui n'excedent pas mille écus de rente, & ils sont preferés pour la collation desdits Bénéfices qu'ils peuvent aussi resigner aussi-bien que leurs pensions en vertu de plusieurs Indults, & doivent être actuellement au Service d'un Cardinal au-moins depuis un an ; néanmoins selon la Bulle de Pie IV, ils ne peuvent être leurs freres, ni neveux.

Le matin suivant du jour que les Cardinaux sont entrés au Conclave, le Cardinal Doyen, comme il a déja été rapporté cy-devant, célébre une Messe basse du Saint-Esprit, en laquelle ils les communie tous, puis il leur fait

fait une breve exhortation de penſer ſerieuſement à l'Election d'un Souverain Pontiſe, & de faire un bon choix.

On procede enſuite à l'Election, ce qui ſe fait tous les jours ſans diſcontinuation ſoir & matin. Il y a trois manieres de la faire, la premiere par Scrutin, la ſeconde par accès, & la troiſiéme par inſpiration ou adoration. Tous les matins il y a Scrutin, & voici comme on le fait.

On dreſſe ſix Autels dans la Chapelle Pauline aux côtés du grand Autel, où les Cardinaux qui veulent célébrer viennent dire la Meſſe; enſuite M. le Sagriſta chante une grande Meſſe *de Eligendo Pontifice*, en preſence du Sacré College, à laquelle il eſt ſervi par les deux premiers Maîtres des Cérémonies qui portent la paix à baiſer aux trois Cardinaux Chefs-d'Ordre, & leur font les encensemens ordinaires ; ensuite ils vont à la Chapelle de Sixte que l'on ferme, chacun met dans un Calice d'or son Billet ou Scrutin écrit par le Conclaviste & signé par le Cardinal, avec une devise pour signe. Ce Billet est conçu en ces termes. *Eligo in Summum Pontificem meum Dominum Reverendissimum Cardinalem* N. C'est-à-dire, J'élis pour Souverain Pontife Monseigneur le Reverendissime Cardinal N. Le Billet est replié à plusieurs plis, au fond duquel est le nom du Cardinal écrit de sa main, & le plis qui le couvre est cacheté. *L'Eligo* est de la main du Conclaviste contrefait, pour ne pas faire connoître de qui il est, & la sentence ou signe au dessus, sert à le faire distinguer, en cas que le Cardinal le voulut montrer à l'accès. Quand l'Election a été faite par accès, on leve le cachet du dernier plis, pour voir le nom du Cardinal qui a concouru, autrement on le brûle ſans le voir.

Dans le premier Scrutin tenu le 29 Fevrier, le Cardinal Corradini eût neuf voix, le Cardinal Altieri huit, le Cardinal Ruffo ſix.

Dans le deuxiéme Scrutin, le Cardinal Corſini eût onze voix, & le Cardinal Ruffo en eût ſept.

Il faut remarquer que les veritables Chefs-d'Ordre ſont, le premier Cardinal Evêque, le premier Cardinal Prêtre, & le premier Cardinal Diacre ; mais parce que préſidant à toutes les fonctions, ils auroient trop de peine, on les change tous les jours ; ainſi chaque Cardinal alternativement devient Chef-d'Ordre à ſon tour, à moins qu'il ne s'en excuſe par infirmité.

Les Cardinaux Chefs-d'Ordre de jour tirent les billets ; après avoir été prendre ceux des malades dans leurs cellules, ils mettent ensemble tous ceux qui sont adressés à une même personne, & s'il y a les deux tiers de voix, aussi-tôt il est déclaré Souverain Pontife; car il n'en faut pas moins pour être Pape, mais il ne s'en fait gueres par cette voye là, quoiqu'on y employe tous les matins plusieurs heures, & quand le Scrutin ou l'Examen est achevé, M. le Sagrista & les cinq Maîtres des Cérémonies entrent & brûlent tous les Billets en présence du Sacré College, après qu'on a tenté l'Election une seconde fois par l'accès.

La seconde maniere d'élire le Pape, qui est celle qui réüssit presque toujours est par accès. Pour l'entendre facilement, il faut sçavoir que tout le Sacré College est divisé en factions, & qu'autant qu'il y a de Cadinaux de Pontificats différens, ce ſont autant de factions, dont le Cardinal Neveu ou Patron ſous chaque Pontificat eſt le Chef.

Par exemple, dans le Conclave tenu pour la création d'Innocent XI, le Cardinal Altieri étoit le Chef de la faction des Cardinaux créés par Clement X. ſous le Pontificat duquel il étoit Patron, le Cardinal Roſpiglioſi étoit Chef de la faction de Clement IX. Le Cardinal Chigi étoit Chef des Cardinaux créés par Alexandre VII. & ainſi des autres.

Les Rois de France & d'Eſpagne ont auſſi leurs factions des Cardinaux nés leurs ſujets, la faction d'Eſpagne eſt ordinairement fort conſiderable par le grand nombre des Cardinaux Eſpagnols & Napolitains. Le Grand Duc de Toſcane a auſſi ſa faction à cauſe de la proximité de ses Etats, & on élit souvent un de ses sujets Pape. Il y en eût trois au siécle passé, sçavoir, Urbain VIII. Florentin, Alexandre VII. Siennois, & Clement IX. de Pistoye.

Les Chefs de factions des Couronnes sont ceux qu'il plaît au Roy de nommer, ordinairement les Chefs de factions sont assurés des voix de ceux qui dépendent d'eux, & c'est assez que deux ou trois Chefs de factions un peu nombreuse, s'accordent ensemble pour être Maîtres de l'Election, pourvû qu'ils fassent les deux tiers des voix, & c'est en cela qu'on connoît l'habileté de ces Chefs de factions, pour faire élire celui qu'ils proposent; mais il faut qu'il n'y ait aucun reproche à faire contre le Cardinal qu'on veut élire, pour le faire accepter, comme ce seroit d'être né sujet de quelque Roi, ou Prince duquel on craignit qu'il dût dépendre, & le favoriſer au préjudice d'un autre, ou d'avoir fait connoître qu'il ait plus de penchant pour une Couronne que pour l'autre ; C'eſt pourquoi les Cardinaux diſſimulent le plus qu'ils peuvent leur veritable ſentiment, quand ils prétendent à la Papauté ; mais les Rois de France & d'Eſpagne qui prennent beaucoup de part à l'Election du Pape, à cauſe du voiſinage de leurs Etats, ont un moyen pour empêcher l'Election d'un Cardinal qui ne leur eſt pas agréable, c'eſt de lui donner l'excluſion.

Pour cet effet le Cardinal qui eſt chargé du ſecret de la Couronne, fait ſa proteſtation, au nom de ſon Maître, qu'il ne veut point d'un tel Cardinal pour de bonnes raiſons, étant bien informé qu'il n'eſt pas affectionné à son état, & qu'il en pourroit trop souffrir; ainsi ceux qui apprehendent l'exclusion, évitent de se faire balotter, jusqu'à ce qu'ils se soient rendus agreables aux Couronnes; car quand on est une fois exclus du Pontificat, on n'y revient presque jamais.

Au sortir de l'Examen ou Scrutin, on va à l'accès qui se tire aussi par Billets; mais il faut remarquer qu'on ne peut nommer le même Cardinal qu'on a nommé au Scrutin; ainsi chaque Cardinal dit, *Accedo ad Cardinalem N... & possum accedere ut patet ex voto meo*, ce qui veut dire, J'accorde ma voix au Cardinal N... & je puis lui accorder, ainsi qu'il le paroît ici souscrit, *subscripto sic*, offrant de faire voir son Scrutin si l'on veut, lequel autrement doit demeurer secret, pour ne pas ôter la liberté du suffrage, & un Cardinal n'est pas obligé d'élire le Pape par accès, s'il ne veut, & quand il ne s'en tient à ſon Scrutin, il a coutume d'écrire, *Accedo nemini*, ce qui ſignifie, je ne l'accorde à perſonne.

La troiſiéme maniere d'élire le Pape par inſpiration ou adoration, mais on ne s'en ſert jamais que les deux autres voyes ne ſoient preſque déeſperées.

Il y a une quatriéme maniere d'élire le Pape, qu'on appelle par compromis, comme quand les Cardinaux ne peuvent s'accorder, & pour ôter toute difficulté, ils font un compromis de s'en rapporter à quelque perſonne de probité, & de reconnoître pour Pape celui qu'il nommera; mais on ne s'en ſert plus.

On a remarqué qu'Adrien VI. fut élû par Scrutin ſeulement, Sixte V. par adoration, & tous les autres Papes depuis lui ont été élûs par accès; mais quand le Pape est élû par accès, ou par adoration, on ne laisse pas de revenir à un dernier Scrutin pour confirmer l'élection par la forme la plus authentique, qui est celle des suffrages donnés librement dans le Scrutin.

CHAPITRE V.

Des faits mémorables arrivés pendant la durée du Conclave.

APrès avoir cité ce qui se passe dans l'intérieur du Conclave, il s'agit maintenant de rapporter ce qui s'est passé de plus remarquable jusqu'à la définition du Conclave, qui a été terminé par une heureuse Election; ainsi qu'il sera fait mention ci-après.

Le 27. Février, le Cardinal Accoramboni de Spolette arriva

à Rome, & entra le lendemain au Conclave.

Le 28. dudit mois, le Cardinal Otthoboni Doyen du Sacré College, mourut âgé de soixante & douze ans sept mois & vingt six jours, ayant été créé Cardinal en 1689. par le Pape Alexandre VIII. son oncle.

Le Cardinal Prosper Lambertini, dont on parlera ci-après, arriva à Rome le troisiéme Mars suivant, & entra le soir du même jour au Conclave.

Le Cardinal Jean-Baptiste Spignola arriva à Rome le quatre dudit mois de Mars, étant revenu de sa légation de Bologne; par son grand appuis, on se figuroit qu'il avoit de grandes espérances à la Papauté.

Le neuf du même mois, mourut le Cardinal Laurent Altieri.

Dans la suite du même mois arriverent encore plusieurs Cardinaux, entr'autres les Cardinaux de Rohan & d'Auvergne qui entrerent en même tems au Conclave.

Enfin les Cardinaux étant presque tous au Conclave au commencement d'Avril, on n'attendoit plus que l'arrivée du Cardinal de Sintzendorff, pour proceder d'une maniere efficace à l'Election d'un nouveau Pape, dont on se flattoit terminer cette Election vers les fêtes de Pâques suivantes.

On nommoit alors quelques Cardinaux qui paroissoient avoir le plus d'apparence d'être élevés au Pontificat, le Cardinal Picco de la Mirandole en étoit du nombre, même on soupçonnoit que le choix pourroit tomber sur lui, à moins qu'une des principales puissances de l'Europe ne lui donnât l'exclusion. Les autres étoient les Cardinaux Ruffo, Massey,

& Lercari; quoiqu'il en fut il paroiſſoit, par la grande union qui ſe trouvoit dans le Conclave, qu'on avoit lieu de croire que le nouveau Pontife ſeroit generalement approuvé; cependant quoique les trois principales Puiſſances de l'Europe fuſſent ſur-tout d'accord entr'elles pour le choix du nouveau Pape, on ne parloit encore que par conjecture de celui ſur lequel ce choix devoit tomber; cela n'empêchoit point que les Scrutins ne ſe fiſſent tous les jours, comme de coutume au Conclave, en y propoſant divers Sujets pour la Papauté; mais l'opinion generale étoit pour lors que celui que les principales factions avoient véritablement en vûë, étoit encore tenu dans un grand ſecret.

Dans le même tems il fut fait mention que le Cardinal Albani Camerlingue avoit eu deſſein de proposer au Conclave de donner l'exclusion du Souverain Pontificat à tous les Cardinaux qui n'étoient pas de l'Etat Ecclesiastique; mais qu'il avoit paru ensuite que son Eminence s'en étoit désisté sur les vives remontrances que les Ambassadeurs avoient fait à ce sujet.

Il s'éleva dans le même tems deux principales factions qu'on distinguoit par les noms d'ancien & de nouveau College ; le premier avoit vingt voix, sur lesquelles il pouvoit compter pour donner en cas de besoin, l'exclusion à quelque Cardinal ; le second en avoit vingt-cinq ; il paroissoit alors que les Cardinaux Ruffo, Corradini, Picco & Gotthi étoient les Sujets que l'ancien College avoit dessein de proposer pour la Papauté, & que ceux du nouveau College, étoient les Cardinaux Aldrovandi, Delci

& Cenci; mais qu'il y avoit cependant toute apparence que le Conclave dureroit encore quelque tems.

Pendant que ces deux factions subsistoient dans le courant du mois d'Avril, il parut s'en former une troisiéme qu'on jugeoit en toute apparence la plus puissante, étant composée pour lors des Cardinaux affectionnés à l'Empire, & aux Couronnes de France & d'Espagne réunis ensemble; mais le Conclave subsistoit toujours dans la même situation sans pouvoir s'accorder pour l'Election d'un Pape; neanmoins on jugeoit que les Esprits pourroient se réünir dans peu, sur ce qu'on avoit remarqué que plusieurs Cardinaux avoient déja commencés à renvoyer dans leur Palais une partie de leur vaisselle, & de leurs autres meubles les plus precieux, même selon la voix publique, le Cardinal Gotthi paroissoit être celui qu'on avoit en vûë d'élever au Pontificat, ayant déja eû jusqu'à trente-trois voix dans un des Scrutins. D'ailleurs ce Cardinal natif de Bologne dans l'Etat Ecclesiastique étant fort estimé, on jugeoit pour lors que ce choix, s'il avoit lieu, seroit fort applaudi; en attendant, les Cardinaux ne laisserent pas que de travailler à plusieurs Reglemens touchant la Chambre Apostolique & plusieurs autres, sur-tout, il fut dressé deux Decrets dans une des Congrégations qui furent tenuës au Conclave; le premier portoit que le nouveau Pontife ne pourroit nommer pour son Auditeur celui qui l'auroit servi en cette qualité dans le tems qu'il étoit Cardinal; le second ordonnoit que les Abbez Reguliers porteroient leurs habillemens differens de celui que portoient ordinairement

dinairement les Abbez Séculiers.

Pendant le courant des mois de May & de Juin, on continuoit toujours les Scrutins à l'ordinaire, mais de nouvelles difficultés qui s'éleverent retarderent encore l'Election du Souverain Pontife.

On ne peut obmettre un cas assez plaisant qui arriva au commencement dudit mois de Juin, à l'occasion d'un Chanoine de Corfou qui eut la hardiesse de se presenter le 8. de ce mois à la porte du Conclave, assurant qu'il lui avoit été revelé qu'il devoit être élû Pape, & que tous les Cardinaux qui refuseroient de lui donner leurs voix mourroient subitement, & comme ce discours ne pouvoit sortir que d'un petit genie, on jugea qu'il avoit le cerveau dérangé, par conséquent on se contenta de l'obliger de se retirer.

Le 9. dudit mois de Juin, le Cardinal Porzia mourut dans le Conclave âgé de soixante & six ans cinq mois & dix-huit jours.

Dans le même tems le Cardinal Cenci fut malade à l'extrêmité, on lui fit recevoir le saint Viatique, & comme on ne concevoit aucune esperance de sa guérison, il fut impossible de le transporter hors du Conclave, où plusieurs autres Cardinaux étoient aussi incommodés; ce Cardinal s'étant un peu rétabli en apparence, a toujours eû une santé très-chancellante pendant le reste du mois de Juin jusqu'au premier Juillet suivant qu'il fut trouvé mort sur son lit, où il s'étoit mis pour prendre un peu de repos, après avoir dit la Messe. Ce Cardinal qui étoit Archevêque de Benevent étoit âgé de soixante-quatre ans & un mois, il portoit le titre de ſainte Agnès, & fut créé Cardinal en 1734. par le feu Pape.

Dans le courant du mois de Juillet les difficultés renouvellant toujours de plus en plus pour l'Election du Souverain Pontife, par délibération du Sacré College, il fut ordonné dans la Chapelle Pauline du Vatican, auſſi-bien que dans toutes les Egliſes de Rome des prieres publiques avec Expoſition du Saint Sacrement, pour obtenir de Dieu la réunion des eſprits dans le Conclave, afin que l'Egliſe pût avoir bientôt un Chef digne de la gouverner.

Sur la fin de Juillet, il y eût cependant dans le Conclave un parti conſidérable pour le Cardinal Aldrovandi, & on croyoit même que toutes les Puiſſances concourroient à l'Election de ce Cardinal, qui avoit eu conſtamment durant dix ou douze jours trente & trente-un suffrages dans tous les Scrutins du matin & de l'après-midi, même jusqu'à trente-deux, mais les voix ne pouvant encore se réünir en sa faveur, ce Cardinal se détermina d'en écrire au Cardinal Corsini, pour le prier de remercier le Sacré College de ses bonnes attentions, & puisque son Election causoit tant de difficulté, qu'il prioit les Cardinaux de jetter leur vûë sur quelqu'autre qui rempliroit peut-être mieux que lui la place de Souverain Pontife.

Le Cardinal Corsini lui fit réponse qu'il ne s'agissoit pas de sa personne en particulier, que le Conclave ne regardoit par dessus toutes choses que le bien de l'Eglise Universelle, & qu'on devoit voit attendre le moment favorable que la divine Providence devoit agir sur celui à qui il plairoit à Dieu d'en faire tomber le choix.

Tous ces évenemens firent conjecturer que l'Election du Pape étoit très-prochaine, & les ordres que le Majordomme du Sacré Palais avoit donné au commencement du mois d'Août suivant pour les préparatifs necessaires de la prochaine Election, avoient confirmé l'opinion d'un chacun touchant la définition du Conclave, où les Scrutins continuerent jusqu'au 17. dudit mois, & se terminerent heureusement en faveur du Cardinal Lambertini dont on va parler au Chapitre suivant.

CHAPITRE VI.

Election du Cardinal Prosper Lambertini au Souverain Pontificat, & les Cérémonies de sa Reception.

CE fut enfin le 17. Août au matin que le Cardinal Prosper Lambertini fut élû Pape étant Cardinal Prêtre du titre de Sainte Croix de Jerusalem, Archevêque de Bologne, Promoteur de la foi, & Député de la Congrégation du Saint Office.

Ce Souverain Pontife étant né à Bologne le 31. Mars 1675. Son Election a été d'autant plus generalement approuvée qu'il est depuis long-tems aussi estimé pour ses grandes qualités, que recommendable par sa profonde érudition. Sa famille est une des plus considérables du Bolonois.

C'est le cinquiéme Pape que cette Province ait donné à l'Eglise. Benoît XIII. l'avoit nommé Cardinal dès le 9. du mois de Décembre de l'année 1726. mais il l'avoit reservé *in pectо*, & il ne le déclara que le 30. Avril 1728. Ce Pape lui donna le même jour la Barette, & le quatre du mois suivant le Chapeau.

L'Archevêché de Bologne

étant devenu vaccant par la mort du Cardinal Buon Campagno, Clement XII. proposa cette Archevêché pour le Cardinal Lambertini. Dans le Consistoire du 30. Avril 1731. il lui accorda une place dans la Congregation du saint Office.

Benoît XIII. lui avoit accordé trois ans auparavant le titre d'Archevêque de Theodosie, il l'avoit sacré le 16 Juillet 1724. & le 15. du mois d'Août suivant il l'avoit declaré Evêque assistant du Trône.

Sous les deux Pontificats précedens, le Cardinal Lambertini avoit obtenu successivement un Canonicat de la Basilique de S. Pierre, une place de Consulteur du saint Office, la charge de Votant de la Signature de Grace, & celle d'Avocat Consistorial, & il a conservé son Canonicat & les deux premiers de ses emplois jusqu'à sa nommination au Cardinalat. Il a composé plusieurs ouvrages, dont il en a été recüeilli quatre volumes in folio, ayant pour titre, *Lambertinus de Canonizatione Sanctorum*. Lesdits quatre volumes forment le corps complet de cet ouvrage. *

Tous les suffrages s'étant enfin réünis en faveur de ce nouveau Pape qui a pris le nom de Benoît XIV. Le Cardinal Marini Chef de l'Ordre des Cardinaux Diacres, & les autres Cardinaux Chefs-d'Ordre vinrent lui demander son consentement; ensuite les maîtres des Cérémonies avec les Protonotaires Apostoliques participans, comme Notaires publics, firent le procès verbal de son Election, & en délivrerent acte au Sacré College.

Après cela les deux premiers

* Cet Ouvrage se trouve chez les Libraires à Paris.

Cardinaux

Cardinaux Diacres prirent le nouveau Pape, & le conduiſirent derriere l'autel, où avec l'aide de M. le Sagriſta, & des Maîtres des Cérémonies, il fut depouillé de ſes habits de Cardinal, pour être revêtu de ceux de Pape, ſçavoir de la Soutanne de taffetas blanc, du Rochet de fin lin, du Camail, où Moſette de ſatin rouge, de l'Etolle en broderie pardeſſus, & du Bonnet de même; après avoir été chauſſé avec des ſouliers couverts de drap rouge brodés d'or, où il y avoit une croix de même broderie ſur chaque Empeigne; puis fut porté dedans ſa chaiſe devant l'Autel, où les Cardinaux le vinrent adorer pour la premiere fois, en commençant par le Doyen du Sacré Collége qui lui baiſa le pied, puis la main, & le Pape lui donna le baiſer de paix au viſage.

Les autres Cardinaux ayant fait la même chose, le Cardinal Marini, comme premier Diacre (précédé du premier Maître des Cérémonies, portant la Croix Papale, & des Musiciens qui chanterent l'Antienne *Ecce Sacerdos magnus*) fut à la loge de la Benediction, où le Maître Masson avoit déja fait l'ouverture de la principale fenêtre, afin que ce Cardinal pût passer aisément dans la balustrade, lequel y étant pour avertir le peuple, assemblé dans la Place de l'Election du Pape, l'annonça ainsi par ces paroles, *annuntio vobis gaudium magnum, habemus Papam Eminentissimum Cardinalem Lambertini, qui sibi nomen imposuit, Benedictus quatuor decimus*, ce qui veut dire, je vous annonce une grande joye, nous avons pour Pape l'Eminentissime Cardinal Lambertini qui s'eſt impoſé le nom de Benoît quatorze.

Alors la grande Couleuvrine de S. Pierre avertit le Château S. Ange de faire la décharge de toute ſon Artillerie, & toutes les cloches de la Ville firent retentir l'air de mille ſon differens, joint au peuple qui en témoigna ſa joye par des acclamations réïterées, enſuite le Capitaine du quartier où étoit ſitué le Palais du Pape avec ſa milice & quelques compagnies de ſoldats, fut faire la garde au Palais du Pape qu'il occupoit étant Cardinal, depeur que le peuple ne le pillat.

Cette cérémonie étant faite; les Cardinaux accompagnerent enſuite le Pape à la Cellulle du Cardinal Corſini, chez lequel il dîna.

Le même jour, ſur les deux heures après midi, Sa Sainteté

fut revêtu de ses habits Pontificaux; sçavoir, sa Chappe, & la Mître en tête, & ensuite porté sur l'Autel de la Chapelle de Sixte, où les Cardinaux revêtus de leurs Chappes violettes, vinrent faire la seconde adoration à Sa Sainteté comme ci-devant; après on rompit la clôture du Conclave, & les Cardinaux deux à deux, précédés de la musique, descendirent à S. Pierre, où arriva le Pape porté sous le Dais par ses Estaffiers qui le placerent sur le grand Autel de S. Pierre en présence d'une infinité de peuple dont cette vaste Eglise étoit remplie: aussi-bien que son Portique, l'on n'entendoit par tout que des cris de joye de vive le Pape: Sa Sainteté entonna le *Te Deum Laudamus* qui fut chanté par la musique, & les Cardinaux l'adorerent sceant sur l'Autel pour la troisiéme fois; puis le Cardinal Doyen étant du côté de l'Epître dit les verſet & oraiſons marqués dans le cérémonial Romain ; Enſuite on deſcendit le Pape de deſſus l'Autel, un Cardinal Diacre lui ôta la Mître, & il donna une bénédiction ſolemnelle au Peuple, après on lui ôta ſes ornemens, & on le porta en chaiſe à ſon appartement.

Sa Sainteté reçût à ſon paſſage dans la Salle d'Audience, les premiers complimens de félicitation de l'Ambaſſadeur du Roi de France, de celui de la République de Veniſe, & de celui de la Religion de Malthe. Pour l'Ambaſſadeur de l'Empereur n'arriva pas aſſez-tôt pour complimenter le Pape : à l'égard des Cardinaux ils s'en retournerent chacun à leur Palais.

Le même ſoir, & ceux des deux jours ſuivans, il y eut des feux, & des illuminations à toutes les maisons ; l'Artillerie du Château S. Ange se fit entendre ; & Sa Sainteté fit distribuer aux pauvres une grande quantité de pain, de vin, & d'argent.

CHAPITRE VII.

Cérémonie du Couronnement de Notre Saint Pere le Pape Benoit XIV.

LE vingtiéme Août suivant, veille du jour fixé pour le Couronnement du Pape, on distribua dans les Cours du Palais du Vatican un Jusle par tête à près de cinquante mille personnes qui se présenterent pour recevoir cette aumône.

On publia l'après midi un Decret par lequel Sa Sainteté accordoit une Indulgence Pléniere à tous ceux qui s'étant confeſſés, & ayant communié, aſſiſteroient le lendemain à la Meſſe qu'il devoit célébrer, ou qui recevroient ſa bénédiction à la grande loge du portail de l'Egliſe de S. Pierre.

Le vingt-un, les Cardinaux en Rochet revêtus de leurs Chappes rouges, ſe rendirent à la Chapelle de Sixte, qui ſervit ce jour-la de chambre des paremens, ſuivant l'invitation du premier Maître des Cérémonies.

Sa Sainteté y vint en ſon habit particulier, ſoutenu des deux côtés par deux Prélats, dont l'un étoit ſon Maître-de-Chambre, & l'autre ſon Echanſon, couverts d'une chappe rouge avec le capuchon de même, doublé de taffetas auſſi de même couleur; les Cameriers ſecrets & d'honneur, & les Chapelains du Pape étoient vêtus de même, devant leſquels étoient les Cameriers *extra muros*;

& les Ecuyers de Sa Sainteté ; laquelle étoit accompagnée des Ambassadeurs, du Général de la Sainte Eglise, des Princes du Trône, & des Capitaines de la Garde des Chevaux Legers & des Suisses. Sa Sainteté fut ensuite revêtue de ses ornemens Pontificaux par les deux plus anciens Cardinaux Diacres.

Tout étant prêts pour la Cérémonie du Couronnement, la procession se mit en marche, les Prélats en Rochets & en Chappes violettes étoient à la tête ; suivis aussi des Cardinaux en Rochets & en Chappes rouges, & le Pape étoit porté dans une chaise découverte.

La Procession après être descenduë ; par le grand escallier de Constantin, se rendit sous le Portail de l'Eglise de S. Pierre qui étoit orné de tapisseries magnifiques ; le Pape s'y plaça sur un

Trône qui étoit ſous un riche Dais à côté de la Porte-Sainte, & les Cardinaux prirent leurs places ordinaires, dans cette Cerémonie ſur des bancs deſtinés pour eux autour du Trône, dont le Cercle étoit fermé de barreaux

Le Cardinal Annibal Albani Camerlingue, Doyen de la ſainte Egliſe, ſe tenant debout & decouvert à la gauche du Trône, complimenta le Pape ſur ſon Election; enſuite s'étant mis à genoux, il baiſa les pieds & la main droite de Sa Sainteté, la priant de vouloir bien admettre au baiſement des pieds les Chanoines & Officiers de l'Egliſe de S. Pierre, Cérémonie qui ſe fit pendant que les Cardinaux entrerent proceſſionnellement dans l'Egliſe.

Le Pape fut porté enſuite dans la Chapelle de la ſainte Trinité, où ayant quitté ſa Mître, il fit ſa priére devant le ſaint Sacrement ; après sa priére, il alla à la Chapelle Clementine, où il fut revêtu de sa Chappe, & de sa Mître de Toille d'argent, & ensuite porté à son Trône, au fond de l'Eglise devant l'Autel de la Chaire de S. Pierre, d'où, étant assis, il vit le grand Autel environné des Ambassadeurs, des Princes du Soglio, & des autres personnes de remarque, qui de droit avoient leur place autour de son Trône.

Les Cardinaux avec leurs Chappes rouges vinrent lui baiser la main, & les Evêques le genoüil ; ensuite le Pape donna la Benediction au Peuple.

Cette Cérémonie finie, Sa Sainteté entonna l'Office de Tierce qui fut chanté par les Musiciens de la Chapelle Pontificale. A la fin de cet Office, Sa Sainteté fut revêtuë de ses ornemens, pour célébrer la Messe ;

& les Cardinaux& Prélats, prirent leurs paremens blancs, & leurs Mîtres; enſuite la Proceſſion ſe mit en marche pour faire le tour de l'Egliſe, & pendant qu'elle étoit en marche, pour ſe rendre au principal Autel, dit de la confeſſion des Apôtres, le Cardinal premier Maître des Cérémonies tenant d'une main des étoupes au bout d'une baguette, & de l'autre un cierge allumé, y mit le feu par trois fois, diſant à chaque fois, *Sancte Pater, ſic tranſit gloria mundi* : qui veut dire, ſaint Pere, voilà comme la gloire du monde paſſe.

Le Pape étant arrivé au bas du grand Autel, ſur lequel il y avoit ſept hauts Chandeliers de vermeil doré portant de gros cierges allumés, Sa Sainteté fit une courte Oraiſon ſur un Prie-Dieu, lequel étant enſuite ôté, Elle commença l'introïte & la

Confession, ayant à sa droite le Cardinal Doyen en chappe, comme Evêque assistant, & à sa gauche le Cardinal Diacre de l'Evangile, & derriere lui deux Cardinaux Diacres assistans.

La Confession finie, le Doyen de la Rotte, qui tenoit la Mître du Pape, la donna aux deux Cardinaux Diacres assistans qui la lui mirent sur la Tête, & conduisirent Sa Sainteté qui monta sur son Trône, laquelle y étant, reçut l'obédience des Cardinaux qui, après avoir ôté leurs Mîtres, vinrent baiser les pieds, les genoux, la main, & la jouë de Sa Sainteté; les Archevêques & Evêques lui baiserent les pieds & les genoux; & les Penitenciers les pieds seulement; ensuite les trois premiers Cardinaux Prêtres reciterent chacun une Oraison sur Sa Sainteté.

Cela étant fini, le Pape descendit de ſon Trône, on lui ôta ſa Mître, & le premier Cardinal Diacre aidé du ſecond, mit le Pallium au Pape, diſant, *accipite Pallium ſanctum plenitudinem Pontificalis Officii ad honorem omnipotentis Dei, & glorioſiſſimæ virginis Mariæ ejus Matris, & Beatorum Apoſtolorum Petri & Pauli, & ſanctæ Romanæ Eccleſiæ*, ce qui veut dire, recevez avec ce Pallium la ſainte plénitude de la charge Pontificale, en l'honneur du Dieu tout-Puiſſant, & de là très-glorieuſe Vierge Marie ſa Mere, comme des Bienheureux Apôtres Pierre & Paul, & de la ſainte Egliſe-Romaine. Le Cardinal Diacre de l'Evangile mit aux trois Croix du Pallium trois groſſes agraffes de Diamans; enſuite le Pape monta ſans Mître à l'autel qu'il baiſa, auſſi-bien que le livre des Evangiles, fit les encenſemens de l'autel à l'ordinaire, après on lui mit la Mître, & fut encensé trois fois par le Cardinal Diacre de l'Evangile, lequel baisa Sa Sainteté à la joue gauche & à l'estomach, & les Cardinaux Diacres assistans firent la même chose.

Cela étant fait, le Pape retourna à son Trône, & après qu'on lui eût ôté sa Mître, il dit l'Introïte, le *Kyrie*, & entonna le *Gloria in Eccelsis Deo*, qui fut chanté par la musique, après avoir chanté le *Kyrie* pendant la Cérémonie ci-devant, ensuite Sa Sainteté revint à l'autel du côté de l'Epître, chanta la Collecte faite exprès, & retourna s'asseoir à son Trône; après un Auditeur de Rotte, comme soudiacre-Apostolique, chanta l'Epître en latin, & une autre en grec, & après le Graduel, deux Cardinaux Diacres chanterent l'Evangile, sçavoir, un en latin,

& l'autre en grec ; enſuite la Meſſe s'acheva , & le Pape ſe communia ſur ſon Trône en la maniere & les Cérémonies ordinaires.

La Meſſe finie , le Cardinal Archiprêtre de S. Pierre préſenta une bourſe à Sa Sainteté, dans laquelle il y avoit vingt-cinq Jules de monnoye antique, *pro bene cantata Miſſa*; enſuite le Pape fut porté ſous le Dais, accompagné des Cardinaux , & Prélats ; à la loge de la Benediction , où on lui avoit préparé un Trône ſur lequel il s'aſſit, ayant pour aſſiſtans les deux premiers Cardinaux Diacres.

Les Muſiciens chanterent l'antienne : *Corona aurea ſuper caput ejus*, & autres verſets & repons marqués dans le Cérémonial Romain , à la fin deſquels , le Cardinal Doyen recita ſur Sa Sainteté une Oraiſon ; Enſuite le ſecond Cardinal Diacre lui ôta ſa Mître, & le premier Cardinal Diacre, avec le Doyen des Cardinaux lui mirent ſur la tête la Thiarre ou Treregni, ornée de trois Couronnes enrichies de pierres toutes précieuſes, diſant ces paroles, *accipe Thiaram tribus Coronis ornatam, & ſcias te eſſe Patrem Principum & Regem Rectorem orbis, in terra Vicarium ſalvatoris noſtri Jeſu-Chriſti, cui eſt honor & gloria in ſæcula ſæculorum. Amen.* C'eſt-à-dire, recevez la Thiarre ornée de trois Couronnes, & ſçachez que vous êtes le principal Pere ſpirituel des Rois & Princes de la Terre, & que vous êtes ſur terre le Vicaire de notre Sauveur Jeſus-Chriſt, à qui eſt l'honneur & la gloire dans les ſiécles des ſiécles. Ainſi ſoit-il.

Le Pape étant ainſi couronné donna ſa benediction au Peuple, au bruit d'une ſalve generale de toute

toute l'artillerie du Château S. Ange, & au son de toutes les cloches de la Ville; ensuite les mêmes Cardinaux publierent l'Indulgence-Pleniere, sçavoir, le premier en latin, & le second en Italien, & Sa Sainteté, après avoir donné encore deux fois sa benediction au Peuple, s'en retourna à la Chapelle de Sixte, qui, comme j'ai déja dit, servoit de chambre des paremens, en laquelle il fut devêti de ses ornemens Pontificaux, & le premier Cardinal Prêtre, au nom du Sacré Collége, vint lui faire le compliment *ad multos annos*, lui souhaittant plusieurs années de Pontificat.

Pendant cette Cérémonie, toute l'Infanterie & la Cavalerie en armes dans la place de S. Pierre, firent également leur decharge.

Le soir du même jour, ainsi que le lendemain, il y eût des

feux & des illuminations par toute la Ville, & on tira la Girandole au Château S. Ange.

L'après-midi du jour du Couronnement du Pape, sa Sainteté partit du Palais du Vatican, pour se rendre à celui de Montecavallo, étant precedé de toute la Prélature & de la principale Noblesse à cheval, suivi de deux Compagnies des Chevaux-Legers, & de celle des Cuirassiers : sa Sainteté avoit dans son Carosse le Cardinal Ruffo & le Cardinal Camerlingue. Le même jour il fut deputé des Couriers à toutes les Cours souveraines, pour leur donner part de l'Election du Pape.

CHAPITRE VIII.

Promotion faite par Notre Saint Pere le Pape, des Officiers de la Sainte Eglise & de sa Sainteté, & ce qui s'est passé de plus remarquable jusqu'au 8. Septembre suivant de ladite année 1740.

APrès avoir representé ce qui s'est passé de plus remarquable, tant au décès du feu Pape Clement XII. que pendant la durée du Conclave, l'Election & Couronnement du Cardinal Lambertini élevé au Souverain Pontificat sous le nom de Benoît XIV. par la voix unanime de tout le Sacré College, il s'agit de donner une legere idée des principalles Promotions que sa Sainteté a faite, & de ce qui est arrivé seulement de plus mémorable à Rome pendant les premiers jours de son Pontificat.

Le Cardinal Alexandre Albani obtint du Pape la place de Préfet de la Chapelle de ſa Sainteté.

Le Cardinal Lanfredini fut fait Oeconome de la Banque & de l'Hôpital du Saint-Eſprit.

Sa Sainteté diſpoſa de la charge de Ponent du bon Gouvernement en faveur du Sieur Caſtelli ; elle donna auſſi celle de Votant & d'Auditeurs de la Signature aux Sieurs Areſe & Conti, la charge de Conſulteur des Rites au Sieur Erba, celle de Camerier Secret, participant au grand Prieur Antinauri.

Le Marquis Patrizi Montorio ſucceda dans la charge de Premier Ecuyer du Pape, par la démiſſion volontaire du Marquis Altieri qui demanda ſes Lettres de Veterance. Le ſieur Vinciguerra fut confirmé dans la place de Chapelain ſecret de ſa Sainteté.

Le 28 suivant dudit mois, fête de saint Augustin, le Pape accompagné des Cardinaux de Rohan & de Colonitz se rendit à l'Eglise des Religieux Augustins, & sa Sainteté y célébra la Messe, après laquelle, elle admit le General de l'Ordre & les autres Religieux de la Maison à lui baiser les pieds.

Le lendemain 29. le Pape tint un Consistoire, où tout le Sacré College étoit assemblé, dans lequel après avoir remercié les Cardinaux de son Election, il déclara Doyen du Sacré College & Vice-chancellier de la Sainte Eglise le Cardinal Ruffo, qui opta le titre d'Evêque d'Ostie & de Velletri.

Le Cardinal Annibal Albani Camerlingue qui est devenu Sous-Doyen des Cardinaux par la nomination du Cardinal Ruffo au Decanat, n'ayant point voulu accepter l'Evêché de Porto, sa Sainteté proposa cet Evêché pour le Cardinal Picco de la Mirandole & le titre de saint Laurent in Lucina, pour le Cardinal Alberoni Prêtre.

Le Pape fit ensuite la Cérémonie de donner le Chapeau aux Cardinaux d'Auvergne, de Lamberg; Valenti Conzagua & Stampa, qui allerent l'après-midi, suivant l'usage faire leurs prieres à la Basilique de saint Pierre, & ensuite dans un Consistoire, sa Sainteté leur fit la Cérémonie de leur fermer & ouvrir la bouche, & donna au premier le titre de saint Calixte, au deuxiéme celui de saint Pierre in Montorio, au troisiéme celui de saint Prisque, & au quatriéme celui de saint Alexis.

Quelques jours après, les Ambassadeurs de la Religion de Malthe & de la Republique de Venise eurent chacun une audience publique de sa Sainteté qu'ils complimenterent sur son Exaltation au Souverain Pontificat; sçavoir, le premier, au nom du grand Maître & du Conseil de l'Ordre, & le second, au nom de la Republique de Venise, laquelle voulant donner des marques de sa considération pour la famille du Pape, a fait inscrire dans le Livre d'or, le Marquis Lambertini frere de sa Sainteté.

Le Pape établit dans le même tems deux Congregations, l'une composée des Cardinaux Alberoni, Accoramboni, Cibo & Aldovrandi, pour reformer les abus qui s'étoient introduits dans l'administration des Revenus de la Chambre Apostolique, l'autre composée des Cardinaux Picco de la Mirandole, Belluga, & Lanfredini, pour faire des perquisitions touchant les mœurs des Sujets qui seroient nommés aux Evêchez & autres Benefices.

La légation de Bologne fut donné au Cardinal Alberoni. Il y avoit apparence pour lors, que le Cardinal Delci, (qui avoit remis l'Archevêché de Ferrare à sa Sainteté, laquelle en pourvût aussi-tôt le Pere Barberin, Predicateur Apostolique, & cy-devant General des Capucins) auroit l'Archevêché de Bologne, en laquelle Ville le sieur Berardi & l'Avocat Bonini devoient se rendre, sçavoir, le premier en qualité de Commissaire de la Chambre Apostolique, & le second en celle de Vice-Commissaire.

Le Pape dispósa de la Charge de Camerier d'honneur en faveur du sieur Manci, Auditeur du Cardinal Lercari, & d'une place d'Auditeur de la signature, en favéur du sieur Conti, qui obtint en même tems un Canonicat de sainte

Marie Majeure, ſa Sainteté accorda auſſi les honneurs de la Prélature au ſieur Buſſaloni.

Le 8. Septembre ſuivant fête de la Nativité de la ſainte Vierge, le Pape après avoir tenu Chapelle dans l'Egliſe de la Madone du peuple, & ſa Sainteté y ayant entendu la Meſſe célébrée par le Cardinal Borgheſe, y reçut (pour la premiere fois depuis ſon Election) l'hommage de la Hacquenée que le Conneſtable Colonne lui preſenta au nom du Roi des deux Siciles. Ce Seigneur s'étant rendu en Cavalcade du Palais Farneſe à cette Egliſe, précédé de tous les Feudataires du Royaume de Naples, & ſuivi de la Chambre ſecrette, ainſi que des Compagnies des Chevaux-Legers & des Cuiraſſiers.

Quelques jours après le Prince de ſainte-Croix Ambaſſadeur Extraordinaire de l'Empereur au Conclave, & le Duc de ſaint-Aignan Ambaſſadeur du Roy de France complimenterent particulierement le Pape ſur ſon Exaltation au Pontificat; ſçavoir, le premier au nom de ſa Majeſté Imperiale, & le ſecond, au nom de ſa Majeſté Très-Chretienne, & prirent l'un & l'autre congé de ſa Sainteté dans cette audience, laquelle leur envoya les preſens accoutumés qui conſiſtoient en un Corps ſaint chacun, deux Baſſins d'*Agnus Dei*, & un Tableau de Tapiſſerie de la Manufacture de ſaint Michel.

Le 27. dudit mois, l'Ambaſſadeur de la Republique de Veniſe eut auſſi ſon audience de congé du Pape, qui lui envoya les preſens ordinaires.

Le lendemain 28. Sa Sainteté fit dans ſa Chapelle particuliere la cérémonie de benir la Roze d'or deſtinée pour la Reine des deux

Siciles, & qui devoit être portée à cette Princeſſe par M. l'Abbé Acquaviva Neveu du Cardinal de ce nom.

L'après-midi ſa Sainteté donna ſelon la coutume la Bénédiction aux Soldats & aux Bombardiers du Château ſaint Ange, leſquels après avoir défilés dans la Cour du Palais de Montecavallo, allerent paſſer ſous les fenêtres du Treſorier de la Chambre Apoſtolique.

Avant de finir ce Chapitre, je ne puis me diſpenſer de rapporter que dans le même tems, il fut publié à Rome, par ordre du Pape un Decret qui regarde l'obſervation du Culte Divin, & le reſpect dû aux Egliſes; par ce Decret, il eſt ordonné à tous les Superieurs des Egliſes d'y faire célébrer l'Office Divin avec toute la décence & la majeſté convenables, de ſe conformer en tout aux

Canons des Conciles & aux Decretales des Papes, de faire ensorte que les Messes soient finies le matin à midi, & l'Office du soir au coucher du Soleil; de ne point permettre que des femmes vêtuës immodestement entrent dans les Eglises, & de commettre quelqu'un pour y faire garder un exact silence. Le même Decret contient plusieurs reglemens concernant l'usage de la musique dans les Eglises, & le Pape deffend qu'il y en ait à l'avenir dans les Monasteres aux Prises d'habit, ou aux Professions Religieuses pour telle cause que ce puisse être.

CHAPITRE IX.

Cérémonie de la Priſe de Poſſeſſion de Saint Jean de Latran par Notre Saint Pere le Pape, & l'Ordre de la Marche de cette Cérémonie.

QUoiqu'il ne ſoit pas encore fait mention en la preſente annee 1740 de la ſolemnelle Cavalcade du Pape Benoît XIV. pour prendre Poſſeſſion de ſaint Jean de Latran, en voici néanmoins une Deſcription telle qu'elle a été faite par le feu Pape Clement XII. & autres Souverains Pontifes Prédéceſſeurs de ſa Sainteté.

Le jour aſſigné par le Pape, pour prendre Poſſeſſion de ſaint Jean de Latran, toute la Cour s'aſſemble à ſaint Pierre, d'où l'on va en Cavalcade à ſaint Jean de Latran; c'eſt la plus ſolemnelle & la plus pompeuſe qu'on puiſſe voir à Rome, elle défile en cet Ordre, sçavoir.

Un Exempt ou Anspeçade à la Tête d'un Avant-garde de Chevaux-Legers commence la Marche, & sont suivis par le Fourier Major & le Sur-Intendant de l'Ecurie du Pape; puis par les Porte-manteaux des Cardinaux presens à Rome, qui envoyent chacun le sien portant une valise d'écarlatte brodée d'or.

Derriere viennent les Massiers des Cardinaux, portant des Masses d'argent aux armes de leurs Eminences.

Les Gentilshommes & Aumôniers des Cardinaux Ambassadeurs & Princes, avec plusieurs Gentilshommes & Barons Romains suivent immédiatement montés à l'avantage & lestement vêtus.

Plusieurs Anspeçades avec des armes blanches voltigent hors des rangs, pour regler la Marche.

On voit ensuite quatre Ecuyers du Pape avec de grandes Cappes rouges; ensuite le Tailleur du Pape, son Barbier, son Boulanger, son Jardinier & deux Porte-manteaux de sa Sainteté vêtus de même avec deux valises d'écarlatte brodées d'or.

Derriere eux les valets d'écurie du Pape vêtus de casaques d'Etoffe rouge menant par la main douze Hacquenées ou Mules blanches, que l'ambassadeur de Naples presente ordinairement au Pape tous les ans pour le tribut des Royaumes de Naples & de Sicile, lesdites Hacquenées ayant des Housses d'Etoffe de soye garnies de franges d'or, & au lieu de dentelles, ce sont des feüillages de lames d'argent battu & en demi relief.

Ensuite plusieurs Mulets caparaçonnés de velours rouge avec des franges d'or, menés par la bride par d'autres Domestiques du Pape.

Trois Litieres d'écarlatte & de velours broché d'or, précedées de deux Officiers à cheval, le Maître d'Etable du Pape à cheval & ses Estaffiers à pied.

La Noblesse Romaine & les Tutelaires marchent sans ordre, pour éviter les difficultés des préséances, étant montés sur d'excellens chevaux, dont le crin est couvert d'une quantité de rubans de diverses couleurs & accompagnés d'un grand nombre d'Estaffiers à pied richement vêtus de livrées neuves.

Après eux cinq Massiers du Pape avec de grandes robbes de drap violet, où il y a un grand galon de velours noir, portant leurs Masses d'argent, & Colliers d'émail.

Quatorze Tambours à pied vêtus de satin rouge garni d'or, des plumes au chapeau, chacun portant l'Enseigne d'un des quatorze quartiers de Rome, un chœur de Trompettes du Pape habillés de rouge avec des galons d'or, les Cubiculaires Apostoliques en habits rouges.

Les Cameriers *extra muros* en rouge, le Commissaire & le Fiscal de la Chambre en violet, les Avocats Consistoriaux en noir.

Les Chapelains du commun de la famille Papale en rouge.

Les Cameriers secrets & d'honneur du Pape, & les quatre derniers dits Participans en violet, portant sur des Masses les quatre chapeaux de velours cramoisi du Pape.

Les Cameriers *di Capa* & *Spada*, ou Gentils-hommes ordinaires de la Chambre du Pape, quelques-uns avec salaires, d'autres sans gages, comme le General des Postes du Pape, &c. leur Chef, quarante Officiers du Peuple Romain, Juges, Maîtres, Justiciers, Avocats, Fiscal, Secretaires, Notaires, Contrôleurs, &c. habillés de grandes Robbes Senatorialles de velours noir, & le bonnet de même, les Housses de leurs chevaux aussi de velours noir.

Un Anspeçade du Pape, le Lieutenant de la Garde Suisse du Pape à cheval, suivi de la Compagnie des Suisses à pied en deux files, portant des hallebardes.

Les Abbreviateurs du grand Parquet, les Votans *di Signatura*, les Clercs de Chambre, les Auditeurs de Rotte sur des Mules, & le Maître du Sacré Palais à la gauche du Doyen de la Rotte, les quatorze Marechaux du Peuple Romain en Robbes de satin blanc avec des Justes-au-corps de satin violet, & des tocques de velours noir.

Les quatorze Caporioni, ou

Capitaines des quartiers vêtus de grandes Robbes de velours cramoisi d'oublées de Toile d'argent, & les Chausettes de Satin blanc à galons d'or, la Tocque de velours noir enrichie de Pierreries.

Les Massiers du Pape & les trois Conservateurs Romains en leur habit de Cérémonie qui est la Trabea de Drap d'or.

Les Princes du Trône, les Parens du Pape avant la suppression du Nepotisme, & les Ambassadeurs des Têtes Couronnées.

Le Gouverneur de Rome, à la gauche devroit être le Senateur Romain qui n'y assiste plus, deux Maîtres de Cérémonies, le Sous-Diacre Apostolique qui est Auditeur de Rotte, portant la Croix tournée vers le Pape entre deux Officiers qu'on appelle *Vergæ rubæ*, parce qu'ils portent des baguettes rouges.

Cinquante jeunes Gentils-hommes Romains vêtus de Satin blanc, marchant au-tour de la Litiere du Pape avec les Estaffiers de sa Sainteté, les Curseurs & Maîtres delle strade, ou rues. Le Capitaine de la Garde Suisse, suivi des Suisses en deux files, & au milieu la Litiere du Pape decouverte par les côtés, de velours rouge broché & frangé d'or, dans laquelle est sa Sainteté revêtu de la Soutanne de Tabis blanc, le Rochet, l'Etolle en broderie, la Mozette de velours rouge, si c'est l'hiver, ou de Satin rouge si c'est l'été, & la Calotte de même sous le Chapeau rouge. Immediatement après le Maître de Chambre de sa Sainteté, son Echanson, son Secretaire, & son Medecin tous quatre en violet.

Quand le Pape va à cheval, il monte une Hacquenée ou cheval blanc, alors les trois Conservateurs du Peuple Romain, & le

Prieur des Capitaines des quartiers l'accompagnent à pied, & lui tiennent la bride & les étriers, ainsi que cela se pratiqua à la Cavalcade du Pape Clement XI. Albani le 10. Avril 1701.

Les Cardinaux qui peuvent monter à cheval vont ensuite deux à deux, pour les autres vont devant à saint Jean en Carosse ; ensuite les Patriarches, Archevêques, & Evêques assistans ; les Protonotaires Apostoliques participans, l'Auditeur & le Tresorier de la Chambre Apostolique, les Evêques non-assistans qui se trouvent à Rome, les Prelats Referendaires de l'une & de l'autre Signature, les Litieres du Pape & ses Trompettes.

La Marche est fermée par les deux Compagnies de Chevaux-Legers habillés de neuf en Casaque d'écarlatte avec des manches pendantes fort étroites de velours rouge & jaune, la lance en arrêt, précedés de leur Officiers vêtus leftement, & en dernier lieu les Cuiraffiers à cheval, fuivis des Caroffes du Pape & de ceux des Cardinaux.

Le Chemin qu'on tient eft le long du Bourg S. Pierre jufqu'au Pont faint Ange, de-là, in Banchi, Parioni, Pafquin, à faint André della valle, à Cæfarini, au Jefu, au Capitole, où le Peuple Romain dreffe un Arc de Triomphe à fa Sainteté, & le Sénateur lui prefente les Clefs en lui faifant fa harangue, tenant en fa main un Sceptre d'yvoire, le Pape s'arrête pour l'écouter, puis paffe par le Campo vaccino, de-là le Pape paffe fous l'Arc de Titus au travers du Colifé, & de là à faint Jean.

Les ruës font tapiffées, & remplies d'un nombre infini de Peuple; au-de-là de l'Arc de Titus, les Juifs font tapiſſer les murailles juſqu'au coliſé, & y attachent des écritaux qui contiennent des Sentences en Hebreu & en Latin appliquées au nouveau Pape, qui eſt leur Prince Temporel.

Le plus conſidérable Rabin de la Synagogue à la tête de ſes Confreres preſente au Pape, quand il paſſe, une Bible Hebraïque, ſa Sainteté l'approuve, & leur dit que c'eſt en vain qu'ils attendent encore le Meſſie que ce Livre Divin promet, puiſqu'il y a long-tems qu'il eſt venu, & qu'ils font très-mal de reſiſter ſi long-tems à la verité, qu'ils y penſent ſerieuſement, & qu'il prioit Dieu de les éclairer, & de lever leurs doutes.

Le Pape étant arrivé au principal Portique de S. Jean de Latran, & ſorti de ſa Litiere ou deſcendu de ſon cheval, le Cardinal Archiprêtre de cette Baſilique lui presente la Croix à baiser, puis il s'en va au Trône qui lui est preparé sous le même Portique, où on le revêtit de ses Habits Pontificaux & d'une Mître très-precieuse.

Les Chanoines & Chapelains de saint Jean de Latran lui viennent baiser les pieds & le Cardinal Archiprêtre lui fait sa harangue au nom du Chapitre, & lui presente les Clefs de l'Eglise, l'une d'or & l'autre d'argent dans un bassin d'argent rempli de fleurs, pendant que les Musiciens chantent l'Antienne. *Suscitans à terra inopem, & de stercore erigens pauperem; ut collocet eum cum Principibus, cum Principibus populi sui.*

Ensuite les Cardinaux se revêtissent de leur parement sacré, & le Pape s'avance vers la porte principale, où le Cardinal Archiprêtre lui presente le goupillon, auquel il prend l'eau benite, & en jette

jette sur les assistans ; puis le même Cardinal l'encense trois fois : cela fait, sa Sainteté entre dans sa chaise, & ses Estaffiers le portent le long de la Nef jusqu'au grand Autel sous le Dais porté par les Chanoines de saint Jean de Latran où il fait sa priere & devant l'Autel du Saint Sacrement. Ensuite on le porte dans le Chœur sur un Trône, où les Cardinaux lui viennent rendre l'obédience, & sa Sainteté (après avoir entonné le *Te Deum laudamus*, qui est ensuité chanté par la Musique) donne la Benediction, étant servie par deux Cardinaux Diacres qui lui mettent & ôtent la Mître, selon que le Cérémonial le prescrit.

De-là on Porte le Pape au Palais de saint Jean de Latran dans la Chambre du Concile, où on chante plusieurs Antiennes, & le Cardinal premier Prêtre dit plusieurs Oraisons.

Le Pape donne ensuite aux Cardinaux, & aux principaux Prelats un Médaille d'or & une d'argent du poids d'une once chacune, où est representé d'un côté le portrait de sa Sainteté & de l'autre ses emblêmes.

Cela fait, on met la Thiarre sur la tête du Pape, & on le porte à la loge de la Benediction, où il la donne par deux fois au Peuple de la même maniere qu'il l'a donné à saint Pierre le jour de son Couronnement, puis on jette au Peuple plusieurs poignées de petites péces d'argent fabriquées exprès aux armes du Pape, en disant, *Dispersit dedit pauperibus, &c.*

Et après toute la Cérémonie finie, ainsi qu'elle vient d'être expliquée, chacun se retire, & le Pape s'en retourne dans son Carrosse au Palais de Montecavallo accompagné de sa famille seulement, précédé de la Noblesse Romaine tous à cheval comme en allant.

LISTE DE TOUS LES CARDINAUX QUI COMPOSENT LE SACRE' COLLEGE.

NOMS DE MESSEIGNEURS les Eminentiſſimes Cardinaux.

MESSEIGNEURS.

I. LE Cardinal Ruffo Doyen du Sacré College, & Vice-Chancellier de la ſainte Egliſe. *Prêtre.*

II. Le Cardinal Annibal Albani Camerlingue, Sous-Doyen des Cardinaux, Prêtre de S Clement de Pezaro, Etat du Pape.

III. Le Cardinal Marini Chef des Cardinaux Diacres.

IV. Le Cardinal Colonne. *Romain, Diacre.*

V. Le Cardinal Corsini. *Florentin, Prêtre.*

VI. Le Cardinal de Rohan de Soubise. *François, Prêtre.*

VII. Le Cardinal Dachuna. *Portugais, Prêtre.*

VIII. Le Cardinal Schrottembach. *Allemand, Prêtre.*

IX. Le Cardinal Pic de la Mirandole. *Milanois, Prêtre.*

X. Le Cardinal Corradini de Sezza, Etat du Pape. *Prêtre.*

XI. Le Cardinal de Polignac. *François, Prêtre.*

XII. Le Cardinal Erba Odeschalchy, *Milanois Prêtre.*

XIII. Le Cardinal de Chomborn. *Allemand, Prêtre.*

XIV. Le Cardinal Spinola de Sainte Agnès. *Genois, Prêtre.*

XV. Le Cardinal Borromée. *Milanois, Prêtre.*

XVI. Le Cardinal Czacki. *Hon-*

grois, Prêtre.

XVII. Le Cardinal Alberoni. *De Plaiſance, Prêtre.*

XVIII. Le Cardinal de Gêvres. *François, Prêtre.*

XIX. Le Cardinal Boſſut d'Alſace. *Flamand, Prêtre.*

XX. Le Cardinal Belluga. *Eſpagnol, Prêtre.*

XXI. Le Cardinal Pereïra. *Portugais, Prêtre.*

XXII. Le Cardinal d'Althan. *Allemand, Prêtre.*

XXIII. Le Cardinal Borgheſe. *Romain, Prêtre.*

XXIV. Le Cardinal Lanfredini. *Romain, Prêtre.*

XXV. Le Cardinal Cibo, *Romain, Prêtre.*

XXVI. Le Cardinal Alexandre Albani de Peſaro, Etat du Pape. *Diacre.*

XXVII. Le Cardinal Altieri de S. Mathieu. *Romain, Diacre.*

XXVIII. Le Cardinal Petra.

Napolitain, *Prêtre.*

XXIX. Le Cardinal Coscia de Benevent, *Prêtre.*

XXX. Le Cardinal Deljudice. *Napolitain*, *Diacre.*

XXXI. Le Cardinal de Fleuri. *François*, *Prêtre.*

XXXII. Le Cardinal Lercari. *Genois*, *Prêtre.*

XXXIII. Le Cardinal Querini. *Venitien*, *Prêtre.*

XXXIV. Le Cardinal Fini. *Napolitain*, *Prêtre.*

XXXV. Le Cardinal Colligola de Spolette. *Diacre.*

XXXVI. Le Cardinal Collonitz. *Allemand*, *Prêtre.*

XXXVII. Le Cardinal Sintzendorff. *Allemand*, *Prêtre.*

XXXVIII. Le Cardinal Motta. *Portugais*, *Prêtre.*

XXXIX. Le Cardinal Silva. *Portugais*, *Prêtre.*

XL. Le Cardinal Gotthi. *Boulonnois*, *Prêtre.*

XLI. Le Cardinal Accoramboni de Spolette. *Diacre.*

XLII. Le Cardinal Caraffe. *Napolitain, Prêtre.*

XLIII. Le Cardinal Cibo, de Maſſa Cararre, *Prêtre.*

XLIV. Le Cardinal Ferreri. *Piémontois, Diacre.*

XLV. Le Cardinal Acquaviva. *Napolitain, Prêtre.*

XLVI. Le Cardinal Aldovrandi. Etat du Pape. *Prêtre.*

XLVII. Le Cardinal Infant Dom Loüis, Eſpagnol Fils de Sa Majeſté Catholique le Roi d'Eſpagne.

XLVIII. Le Cardinal de Tencin. *François, Prêtre.*

XLIX. Le Cardinal Lipski. *Polonois, Prêtre.*

L. Le Cardinal d'Auvergne. *François, Prêtre.*

LI. Le Cardinal de Lamberg.

LII. Le Cardinal Valenti Gonzagua.

LIII. Le Cardinal Stampa.

www.ingramcontent.com/pod-product-compliance
Ingram Content Group UK Ltd.
Pitfield, Milton Keynes, MK11 3LW, UK
UKHW020928180726
13838UKWH00002B/813

9 782329 428